„Meine Teammitglieder transportieren
den Spaß, den wir zusammen haben,
nach draußen,
und dadurch sind sie erfolgreich "

Interview mit

Wolfgang Schmidt

www.rekrutier.de
Rekru-Tier

© 2014 REKRU-TIER GmbH, München

Covergestaltung: REKRU-TIER GmbH, München
Lektorat, Layout und Satz: Bernhard Edlmann Verlags-
dienstleistungen, Raubling

ISBN 978-3-941412-64-4

REKRU-TIER: Hi, Wolfgang, schön, dass du da bist. Mensch, es ist für uns eine Ehre, dass wir dich für unser kleines Interview gewinnen konnten. Grüß dich.

Wolfgang: Ja, schön, dass wir uns hier so unterhalten können und dass ich ein bisschen aus meinem Leben plaudern darf. Das hattest du mir ja angekündigt.

REKRU-TIER: Das stimmt. Wir haben dich als Interviewkandidaten ausgewählt, weil wir, beinahe hätte ich gesagt, ein bisschen neidisch auf Dich sind. Wir haben in den letzten Jahren ja oft zusammen Seminare veranstaltet, und der Wolfgang Schmidt aus Düsseldorf war für uns schon immer ein Mythos. Ein Mythos aus dem Grund, weil wir gesagt haben, der Wolfgang ist einer, der genießt immer nur das Leben, und irgendwie sehen wir den nie so wirklich arbeiten.

Deswegen freut es uns natürlich ganz besonders, dich heute zu treffen, und wir hoffen, dass du uns ein paar deiner Kniffe verrätst, wie man möglichst wenig tut und trotzdem gut dasteht. Was uns jetzt natürlich interessiert, bevor wir einsteigen: Was hast du eigentlich vorher gemacht, bevor du zum Network-Marketing gekommen bist?

Wolfgang: Da war ich so ein richtiger Apotheker.

REKRU-TIER: Okay.

Wolfgang: Ja, ein Vollblutapotheker, und das war ich auch gerne. Ich bin grundsätzlich richtig mit Überzeugung Pharmazeut, und ich habe das Studium geliebt. Deshalb sind Chemie und Biologie auch meine Hobbys geblieben.

Ich habe schon immer den Wunsch und das Anliegen gehabt, mit Menschen in Kontakt zu kommen

---

Ich habe also eine Apotheke aufgemacht und gleichzeitig auch schon immer, ich sage mal, den Wunsch und das Anliegen gehabt, mit Menschen in Kontakt zu kommen. Auch aus diesem Grund habe ich die Apotheke super gefunden, weil jeden Tag Leute zu mir kamen, und wir konnten sprechen, wir konnten Witze erzählen oder aber uns auch gegenseitig unterstützen. Das ist einfach so mein grundsätzliches Erfolgskonzept.

REKRU-TIER: Du hast also eine eigene Apotheke gehabt – oder warst du angestellt?

Wolfgang: Ich war immer selbstständig. Vom ersten Tag an, seit der Approbation, war ich selbstständig.

REKRU-TIER: Das ist toll.

Wolfgang: Ja. Wisst ihr, ich bin ein freiheitsliebender Mensch. Ich mag gerne das machen, was ich will und wann ich es will, aber nicht wenn mir einer sagt, dass ich es tun soll.

REKRU-TIER: Aber es war doch sicherlich auch eine krasse Investition früher, so eine eigene Apotheke aufzumachen?

Wolfgang: Ja, zumal ich von zu Hause keinen Pfennig Geld hatte. Ich kann mich auch noch an die ersten Bankgespräche erinnern, die gar nicht witzig waren, weil die mir natürlich nicht glaubten, dass ich das auf die Reihe bringe. Nach der ersten Apotheke ging es dann schneller. Ich habe ja später mehrere Apotheken gehabt, und es lief immer besser, weil ich mir schon einen Namen aufgebaut hatte. Aber am Anfang war das ganz schwer.

REKRU-TIER: Ach klasse. Das ist eine spannende Geschichte. Du hattest keinerlei Unterstützung und hast dir alles in dieser Selbstständigkeit allein aufgebaut?

Wolfgang: Genau, von null an. Weil ich immer den Traum hatte, eine eigene Apotheke zu führen oder überhaupt ein eigenes Geschäft zu be-

---

Ich spürte schon immer Drang nach Expansion in mir

---

treiben. Und ich hatte auch sehr früh den Traum, daraus ein wirklich großes Geschäft zu machen. Deswegen habe ich dann nachher auch mehrere Apotheken aufgebaut, weil ich schon immer den Drang nach Expansion in mir spürte.

REKRU-TIER: Klasse. Dürfen wir dich mal fragen, was kostet so eine Apotheke, oder was hat man da investieren müssen, um so was aufzubauen?

Wolfgang: Ja, in Euro würde ich sagen, irgendetwas zwischen 150 000 und 350 000.

REKRU-TIER: Wenn man das mal umrechnet, was das in D-Mark war, muss man sagen: nicht wenig.

Wolfgang: Ja, das war extrem viel Geld. Es ist ja jetzt schon ein paar Tage her – aber was ich damit sagen will: Da ging es um eine richtig große Investition, und deswegen war die Bank ja auch sehr kritisch.

REKRU-TIER: Und du hast wahrscheinlich ein paar schlaflose Nächte gehabt, oder?

Wolfgang: Ja, natürlich. Und jedes Mal wenn die Bank mich anrief, wusste ich vorab schon immer das eine: Die fragen jetzt bestimmt nicht, warum es eventuell gerade etwas langsam vorangeht. Die wollen vielmehr wissen, wie es vielleicht *noch* besser laufen könnte. Das ist am Anfang schon wirklich heftig gewesen, dieser Druck morgens beim Aufstehen und abends beim Nachhausegehen. Da fragt man sich ständig: Habe ich heute alles richtig gemacht, gehe ich nach vorne, kriege ich genug Umsatz zusammen, kann ich die Angestellten bezahlen? All diese Dinge sind natürlich schon enorm belastend.

REKRU-TIER: Tja, das sind Einzelheiten, von denen wir bis jetzt noch gar keine Ahnung hatten. Obwohl wir dich schon länger recht gut kennen.

Wolfgang: Da seht ihr mal!

REKRU-TIER: Ja, was oft im Detail dahintersteckt, wenn man mal konkret miteinander redet! – Jetzt erzähl, wann und wie bist du denn dann aufs Network gekommen?

Wolfgang: Gute Frage. Ich habe in meinem Leben die Erfahrung gemacht, dass man irgendwie bestimmte Entwicklungen geradezu anzieht. Ich war so ungefähr 45 Jahre alt, da habe ich mir gesagt, jetzt ist endlich alles gut. Jetzt hast du so unge-

---

Es lief wie am Schnürchen. Aber ich merkte, dass mir das Leben zwischen meinen Händen zerrann

---

fähr 20 Jahre deine Apotheke geleitet, und auch die Filialen laufen ganz gut. Ich hatte eigentlich alles, was ich brauchte. Es lief wie am Schnürchen, und ich verdiente richtig gutes Geld. Aber ich merkte, dass mir das Leben zwischen meinen Händen zerrann.

REKRU-TIER: Wie ist denn das zu verstehen?

Wolfgang: Also, ich kann mich noch gut erinnern, wie das im Winter war. Ich ging morgens aus dem Haus, und abends kam ich zurück, und immer war es dunkel. Der Tag war einfach schon vorbei, wenn ich zu Hause war. Meine Kinder waren damals schon geboren, ich habe zwei Söhne. Die waren morgens, wenn ich ins Geschäft ging, noch müde, und abends, wenn ich zurückkam, schon wieder. Ich war an ihrem Leben eigentlich gar nicht beteiligt, das fiel mir auf.

REKRU-TIER: Okay.

Wolfgang: Als mir das bewusst wurde, dachte ich, ich muss etwas ändern. Ich sah aber im Grunde keine Alternative. Bei Selbstständigen ist das so: Wenn sie sich nach und nach eine Existenz aufgebaut haben, dann erreichen sie natürlich auch einen gewissen Lebensstandard und gewöhnen sich daran: ein schönes Haus und ein schönes Auto zum Beispiel. Ich persönlich hatte dazu noch eine recht gute Urlaubsregelung. Ich lebte schon sehr gut so. Und ich wollte von den ganzen Annehmlichkeiten natürlich auch nicht wieder weg und sagen, ich verzichte jetzt auf alles oder zumindest auf vieles, nur weil ich die Kinder öfter sehen möchte. Deswegen war ich irgendwie gefangen, weil ich keine Lösung für mich sah. Aber ich habe immer gedacht, es müsste doch noch etwas kommen.

Mittlerweile glaube ich, dass gerade die Dinge, die man am Anfang nicht wirklich ernst nimmt, oft

das Leben komplett verändern können. Als ich das Network-Marketing kennenlernte, dachte ich: Das ist ja alles nur so ein Hausfrauengeschäft, und hier sitzen Leute, die sich von morgens bis abends reich rechnen und irgendwie alle verrückt sind.

REKRU-TIER: Ja, und dann?

Wolfgang: Ja, ich habe dem zwar nicht getraut, aber ich bin ein neugieriger Mensch und war

---

Ich wurde von meinem damaligen Förderer zu einer Convention nach New Orleans eingeladen

---

offen für die Thematik. Ich habe gedacht, ich könnte es mir wenigstens mal ansehen. Ich bin dann kurze Zeit später von meinem damaligen Förderer zu einer Convention der Firma nach New Orleans eingeladen worden. Weil ich ein Musikfan bin, war für mich klar: Das mache ich.

In New Orleans habe ich dann tolle Menschen kennengelernt, und das war der Schlüssel. Ich habe dort Networker getroffen, die das Geschäft schon erfolgreich betrieben und die mich auch von ihrer Persönlichkeit her irgendwie beeindruckten. Und dann habe ich intensiver zugehört. Das war circa 1994. Ab dem Zeitpunkt habe ich dann gesagt, jetzt habe ich das verstanden. Es war eine Alternative. Allerdings eine, bei der man am Anfang noch mehr zusätzliche Zeit investieren musste. Das habe ich mit meiner Frau heftig diskutiert, denn wir waren uns nicht ganz sicher, ob ich so letztlich zur ersehnten Freiheit komme.

Eines habe ich als Motivation aber immer im Kopf gehabt: Für jede Minute, die ich hier investiere, kriege ich ein Jahr Freizeit. Genau das hat mich angetrieben, neben meinen Apotheken noch das Network-Geschäft komplett aufzubauen, was definitiv nicht leicht war.

REKRU-TIER: Sauber. Jetzt bin ich schwer beeindruckt. Für die Zuhörer ist es wahrscheinlich ungewöhnlich zu hören, dass dich dein Sponsor gleich mal nach New Orleans eingeladen hat und du einfach hingeflogen bist. Das klingt jetzt auf der einen Seite wahnsinnig gut. Aber es ist sicher schwer zu multiplizieren. Soll jetzt jeder Networker seine Unternehmerkollegen oder Interessenten als Sponsor auf eine Convention ins Ausland einladen? – Auf der anderen Seite, wenn man mal überlegt, hat ihn das vielleicht ein paar Tausend Euro oder Mark gekostet. Aber es war wahrscheinlich die beste unternehmerische Investition, die er jemals in seinem Leben getätigt hat. Oder?

Wolfgang: So ist es. Genau. Das muss man in unserem Geschäft von dieser Seite sehen. Und nach dem gleichen Prinzip handle ich bis heute.

Ich gebe immer wieder solche Anstöße und forciere die Sache richtig. Eben weil ich weiß, dass man in manchen Menschen etwas wecken kann, was vielleicht wirklich tief in ihnen schläft. Und das war damals so bei mir.

Also, da bin ich dann wirklich aufgewacht in New Orleans. Wir waren natürlich auf der Convention, aber auch jeden Abend feiern. Dort war damals eine tolle Gruppe von Menschen beisammen, und ich hatte so viel Spaß wie in meinem ganzen Leben zuvor nicht. Und schlussendlich dachte ich, dass ich davon in Zukunft mehr haben will.

REKRU-TIER: Aber wenn ich das mal nachfragen darf: Du warst da schon eingeschrieben und dein Förderer hat dich eingeladen – oder hast du dich erst danach eingeschrieben?

Wolfgang: Da war ich schon eingeschrieben ...

REKRU-TIER: Du warst also quasi schon dabei.

Wolfgang: Ja, das habe ich aber nur wegen der Produkte gemacht. Ich dachte, die Produkte würde ich in der Apotheke verkaufen, und fertig. Nicht mehr und nicht weniger.

Die Idee des Network-Marketing und deren Möglichkeiten habe ich erst in New Orleans verstanden. Mein Sponsor konnte mir das nicht so gut näherbringen, denn ich habe ihm gar nicht richtig zugehört.

13

REKRU-TIER: Ich glaube aber auch, man kann sagen, dass dein Sponsor das erkannt hat, oder? Er hat dich doch nicht blindlings eingeladen, sondern er hat gewusst oder wenigstens geahnt: Wenn er den Schritt geht, dann kann er dich überzeugen?

Wolfgang: Hat er jedenfalls stark gehofft, denke ich. Er war Kunde in meiner Apotheke, kannte mich daher gut und wusste, wie ich mein damaliges Geschäft führte. Auch wusste er, dass ich eben mehrere Apotheken erfolgreich betrieb und dass die alle liefen, wie sagt man so schön, wie Schmidts Katze!

Aus diesem Grund hatte er wahrscheinlich eine riesige Vision mit mir im Kopf, die sich dann ja auch hat verwirklichen lassen. Man weiß natürlich, dass sich so etwas nicht immer bewahrheitet, aber in meinem Fall hat es auf jeden Fall geklappt.

REKRU-TIER: Kannst du dich denn noch erinnern, wie er dich angesprochen hat, weißt du das noch? Der Wortlaut wäre natürlich das Interessanteste – aber so grob reicht schon. Wie lief das?

Wolfgang: Ja, das weiß ich sogar noch sehr genau. Er selbst war ein erfolgreicher Direktor in einem Wirtschaftsunternehmen, deswegen hielt ich große Stücke auf ihn. Er kam oft mit seiner Ehefrau. Wir haben uns immer gut unterhalten, denn er war

ein ausgesprochen intelligenter Mensch. Auf das Geschäft angesprochen hat mich allerdings seine Frau. Sie erzählte mir, dass sie irgendwas mit Wasserfiltrationsgeräten mache. Wegen dieser Geräte kam sie in die Apotheke und fragte: Herr Schmidt, ich habe hier einen ganz tollen Wasserfilter, können Sie den nicht in Ihr Sortiment aufnehmen?

Da habe ich sie, obwohl sie eine gute Kundin war, fast rausgeschmissen und gesagt, dass ich so ein Zeug nicht brauche.

Sie sagte: Herr Schmidt, ich habe hier diesen Wasserfilter. Ich möchte einfach nur, dass Sie ihn testen

---

Dann war sie wohl zwischenzeitlich auf einer Schulung und hat gelernt, wie man Menschen anspricht. Sie kam wieder und war deutlich schlauer. Jetzt hat sie nämlich gesagt: Herr Schmidt, ich habe hier diesen Wasserfilter. Ich will gar nicht, dass Sie darüber nachdenken, ob er für Sie persönlich interessant ist. Ich möchte einfach nur, dass Sie ihn testen. Sie haben doch ein Labor. Könnten Sie dort nicht mal das gefilterte Wasser für mich untersuchen und prüfen, ob das ein guter Wasserfilter ist? Ich hätte von Ihnen gerne eine Aussage zur Qualität dieses Wasserfilters.

REKRU-TIER: Interessant.

Wolfgang: Sie sagte außerdem, dass sie mir die Analyse natürlich auch bezahlen würde, und da ist in mir der Kaufmann wieder aufgewacht. Ich sagte, okay, eine Analyse kann ich ja machen. Dann habe ich das Wasser untersucht und war richtig begeistert, weil die Werte so klasse waren.

Daraufhin habe ich sie angesprochen, weil ich die Filter nun doch in der Apotheke vermarkten und wissen wollte, wie ich da drankomme. Sie sagte: Ja, kein Problem, Herr Schmidt, aber den können Sie nicht einfach so kaufen, da müssen Sie auf eine Veranstaltung mitgehen, wo diese Filter vorgestellt werden.

REKRU-TIER: Okay ...

Wolfgang: Dann hat das bestimmt noch mal drei Monate gedauert, bis ich so eine Veranstaltung besucht habe, denn ich hatte nicht wirklich Lust, da hinzugehen.

REKRU-TIER: Das ist natürlich eine geile Strategie. Da müssen wir mal ein Buch drüber machen, wie man Apotheker fragt, ob sie Produkte oder Dienstleistungen prüfen könnten, als Vorwand, um sie zu rekrutieren ...!

Wolfgang: Ganz spannend, ja.

REKRU-TIER: Hat sie das im großen Stil gemacht mit den Apothekern, oder hat sich das so ergeben? War das bewusst oder eher Zufall?

Wolfgang: Nein, das war, glaub ich, ein Einzelfall. Ich war ja ihr einziger Apotheker.

REKRU-TIER: Aha.

Wolfgang: Ich war wirklich der Einzige, denn meine Berufskollegen sind allgemein sehr skeptisch. Das heißt konkret, dass es bis heute noch niemand in meinem Partnerunternehmen – weder ich noch sonstwer – geschafft hat, einen anderen Apotheker toperfolgreich zu machen. Es gibt keinen Apotheker außer mir, der es in der Firma bis nach ganz oben geschafft hat.

Allerdings muss man das auch ein wenig relativieren. Mir ist schon früh aufgefallen, dass ich, glaube ich, kein „normaler" Apotheker bin. Ich bin irgendwie anders. Mehr Unternehmer.

REKRU-TIER: Hättest du denn eine Definition für den „normalen" Apotheker, weil du das so sagst? Ich bin ja nicht aus deiner Branche, und die meisten Zuhörer sind es wahrscheinlich auch nicht.

Wolfgang: Also, das Leben färbt ja immer ab auf das, was man tut, wie man ist. So sind Lehrer zum Beispiel – ich formuliere das mal bewusst ein bisschen übertrieben – oftmals Besserwisser. Der Apotheker hingegen hat eben gelernt, bis zu vier Stellen hinter dem Komma genau zu wiegen und auch so korrekt zu arbeiten. So genau denkt ein Apotheker in allem. Und so genau legt er alles

17

auf seine „Apothekerwaage", was an ihn herangetragen wird. Er fragt sich: Ist das wohl richtig, ist das wohl falsch? Und deswegen gibt es zu viele Fragezeichen für die meisten aus meiner Branche, denke ich. Also zu viele Unwägbarkeiten.

REKRU-TIER: Du kannst also sagen, der Apotheker ist wahrscheinlich grundsätzlich eher durch Fakten zu überzeugen als durch Emotionen?

Wolfgang: Ja, absolut. Der lässt sich gar nicht auf Emotionen ein, also im Groben jedenfalls. Es gibt sicherlich Ausnahmen, aber so im breiten Durchschnitt will er sicherlich eher wissen: Was ist das, was kann das, was sind da für Inhaltsstoffe drin? Dann wird er wach, das interessiert ihn.

REKRU-TIER: Das wäre ja auch fatal, wenn man sich in dieser Branche auf Emotionen einlässt. Da zählt jedes Gramm, jedes Gramm verändert die Wirkung. Richtig?

Wolfgang: Genau. Außerdem wird dem Apotheker jeden Tag irgendwas Neues, Tolles angeboten. Das muss man auch mal sagen. Der kriegt einfach ganz viel „Mist" auf den Tisch. Und von allem wird behauptet, es sei das Beste überhaupt.

REKRU-TIER: Hm, sehr interessant. Wir möchten aber noch mal auf das eingehen, was du vorhin gesagt hast. Und zwar auf die Tatsache, dass dich dein Sponsor nach New Orleans eingeladen hat.

Du hast doch vorhin angedeutet, dass du das jetzt hin und wieder auch so machst? Haben wir das richtig verstanden?

Wolfgang: Ja, ich habe es gerade mit einer Geschäftspartnerin getan, die mir schon mehrmals versprochen hat, nun endlich richtig durchzustarten. Und jetzt habe ich Nägel mit Köpfen ge-

---

Ich habe zu ihr gesagt: Wenn du bis Oktober eine bestimmte Umsatzgröße erreicht hast, dann sponsere ich eine Woche Aufenthalt in den USA inklusive Convention. Wenn du das nicht schaffst, dann finanzierst du meine Reise

---

macht. Es ist ähnlich gelaufen, wie es bei mir selbst damals auch war. Ich habe zu ihr gesagt: Pass mal auf, wenn du jetzt bis Oktober eine bestimmte Umsatzgröße erreicht hast, dann sponsere ich eine Woche Aufenthalt in den USA inklusive Convention. Nicht in New Orleans, aber in Orlando. In Orlando gibt es nämlich jetzt die nächste große Konferenz von unserem Partnerunternehmen, und die wird Ende Oktober sein. Wenn sie bis Mitte Oktober das Umsatzziel erreicht hat, dann zahle ich ihr Flug, Hotel und alles andere. So, und dann habe ich aber den Spieß gleich umgedreht. Weil ich diese Bekenntnisse jetzt schon mehrmals von ihr gehört habe, da habe ich gesagt: Wenn du das nicht schaffst, dann finanzierst du meine Reise.

REKRU-TIER: Ah ja.

Wolfgang: Das fand sie alles ganz aufregend, wir haben das dann in den nächsten Tagen schriftlich fixiert, unterschrieben und fertig.

REKRU-TIER: Okay. Aber es ist interessant, dass man mit derselben Strategie, mit der man selbst gewonnen wird, meist auch auf seine Partner zugeht. Das ist irgendwie hochspannend.

Wolfgang: Also, ich habe das sehr positiv erlebt, und ich weiß ja, was aus mir geworden ist. Ich bin meinem Sponsor wirklich sehr dankbar für mein Leben, weil es sich durch ihn komplett positiv verändert hat. Ich habe meine Apotheken alle verkauft, mache das Networkgeschäft, wenn man den Zeitaufwand betrachtet, mehr oder weniger nebenberuflich, und trotzdem verdiene ich mehr als damals mit den Apotheken. Das hätte ich mir zu Beginn niemals vorstellen können.

REKRU-TIER: Und wie lange hast du beide Geschäfte betrieben, beziehungsweise wann hast du aufgehört, in den Apotheken zu arbeiten?

Wolfgang: Ich war 1996 Nationaler Marketingdirektor in unserem Unternehmen, das ist die höchste Stufe bei uns. Dann habe ich zwei Jahre

später, also 1998, meine erste Apotheke verkauft. Bei den anderen habe ich jedes Mal gewartet, bis ich parallel so viel zusätzlichen Umsatz aufgebaut hatte, um ohne Abstriche beim Einkommen verkaufen zu können. Acht Jahre nach meinem Einstieg, im Jahre 2002, habe ich die letzte Apotheke abgegeben, und seit dem Zeitpunkt bin ich hauptberuflich hier in diesem Unternehmen.

REKRU-TIER: Das ist eine interessante Strategie. Du hast also quasi immer geschaut, dass du den Verdienst im Nebengeschäft aufbaust und reinholst, dann erst bist du den nächsten Schritt gegangen, dich von Teilen des alten Business zu trennen?

Wolfgang: Ganz genau. Ich habe immer dafür gesorgt, dass die finanzielle Basis stimmte und dass alles sicher war, denn ich bin ein sehr sicherheitsorientierter Mensch. Deswegen habe ich das immer schön sukzessive gemacht. Ich habe ja gesehen, wie mein Scheck immer nur gewachsen ist und auch nicht wieder runterfiel. Dadurch konnte man genau planen und absehen, wann man einen neuen Käufer für die nächste Apotheke finden musste. Das ging relativ linear nach oben.

REKRU-TIER: Toll, das ist super. Aber sag mal, ist denn bei dir immer alles glatt gelaufen? Weil deine Story nämlich ein toller Beweis dafür wäre, dass man mit guter Strategie und kaufmännischem Kalkül was erreichen kann. Wir sind zum Beispiel auch so, dass wir immer propagieren, alles eher betriebswirtschaftlich zu sehen und strategisch anzugehen. Wir würden uns nicht blindlings in ein Abenteuer reinstürzen. Geschäftlich gesehen ist für uns klar, das muss sich rechnen. Wir gehen keine unkalkulierbaren Risiken ein. So wie zum Beispiel manche einfach Hals über Kopf den Job kündigen und andere waghalsige Dinge praktizieren, obwohl keine Rücklagen bestehen.

Wolfgang: Richtig, so was ist immer eine ungünstige Situation, weil du dann ständig den Druck in dir trägst. Wenn du weißt, dass du verdienen musst, gehst du auf Menschen anders zu und hast ein anderes „Bauchsenden". Der Bauch sen-

---

Wenn ich unter Druck was erreichen muss, dann habe ich schlechte Karten. Wer sein Geschäft nebenbei aufbaut, hat größere Chancen

---

det dann die Botschaft: Ich brauche dich, damit ich überleben kann. Und das wollen die Menschen nicht spüren. Deswegen ist das im Network-Marketing, meine ich, ganz, ganz schlecht. Wenn ich wirklich unter Druck was erreichen

muss, dann habe ich schlechte Karten. Wenn ich etwas aus einer starken Situation heraus tue, läuft es besser. Wer also sein Geschäft nebenbei aufbaut, hat größere Chancen.

REKRU-TIER: Gab es denn auch schwierige Phasen? Ging es aufgrund dieser Kalkuliertheit bei dir immer nur geradeaus, oder hattest du auch diese typischen „Networkphasen"? Im Prinzip muss doch jeder lernen.

Wolfgang: Die „Achterbahn" hat jeder, und an die war ich als Geschäftsmann auch gewöhnt. Der Unterschied ist der, dass die Achterbahn im Network anders aussieht als im normalen Geschäftsleben. Weil zum Beispiel Aussagen wie das Nein, wie ein „Ich mache nicht mit" oder „Ich mache jetzt nicht das, was du erwartest" immer persönlich und emotional an einen herankommen. Im normalen Geschäftsleben ist das irgendwie anders. Da gibt es Fakten und Zahlen, da kann man Werbung machen oder nicht Werbung machen. Da gibt es Anzeichen, dass es von hier nach unten oder nach oben geht. Im Network hat man es mit viel mehr Unwägbarkeiten zu tun, die das Geschäft beeinflussen. Da kann es sein, dass plötzlich die Mutter eines Geschäftspartners stirbt, oder die Freundin verlässt ihn, oder er hat einen Wassereinbruch und muss sich jetzt erst mal um sein Haus kümmern. Dass solche Dinge passieren können, das muss man einfach geistig mit einkalkulieren. Man bekommt es mit größeren emotionalen Höhen und Tiefen zu tun.

Aber, und das ist das Schöne, es hat langfristig gesehen viel mehr positive Eigenschaften. Wenn ich dann ein Team habe, welches auch funktioniert, wo Menschen sind, die mich duplizieren, und die auch die Festigkeit, die ich in mir trage, duplizieren, dann haben wir ein sehr stabiles Schiff.

REKRU-TIER: Super. Klasse formuliert. Mich würde jetzt natürlich deine Arbeitsweise mit den Leuten interessieren. Das hattest du ja schon kurz angeschnitten. Hast du dich zum Beispiel auf bestimmte Zielgruppen fokussiert?

Wolfgang: Nein.

REKRU-TIER: Also du sprichst grundsätzlich erst einmal mit jedem, oder?

Wolfgang: Ja, ich spreche mit jedem, der mir menschlich, also vom Typ her, gefällt. Es gibt na-

---

Ich spreche mit jedem, der mir vom Typ her gefällt

---

türlich Berufsgruppen oder Persönlichkeitstypen, die sind aus meiner Sicht ein bisschen schwieriger. Mit anderen tut man sich leichter. Aber das

Wichtigste ist: Man darf nicht pauschalisieren, denn von jeder Regel gibt es Ausnahmen!

**Ich versuche zu erkennen, ob der Mensch
diszipliniert ist, ob er kontaktfreudig
und in seinem Umfeld gern gesehen ist**

Ich versuche deshalb generell immer zu schauen, ob mir der Mensch als Mensch gefällt. Weiterhin versuche ich zu erkennen, ob er diszipliniert ist, ob er kontaktfreudig und in seinem Umfeld gern gesehen ist. Dafür habe ich in den Jahren eine „Nase" entwickelt, ich habe das im Gespür.

REKRU-TIER: Das hört sich interessant an.

Wolfgang: Das sind, glaube ich, die Grundvoraussetzungen, die man braucht, um in dieser Branche erfolgreich zu werden. Wenn ein Mensch diese Kriterien erfüllt, dann spreche ich ihn an, lasse ihn aber immer selbst entscheiden. Das heißt, ich bin ein großer Fan von, wenn man das so nennen kann, „Magnetmarketing". War ich übrigens nicht immer, bin ich aber geworden.

REKRU-TIER: Was heißt denn Magnetmarketing?

Wolfgang: Magnetmarketing heißt, dass ich nie etwas sage wie: „Du, ich habe hier etwas, was gut für dich wäre". Ich biete auch niemals etwas direkt an, egal was es auch immer sein mag. Ich

arbeite eher so, dass ich einen starken „Magneten" oder „Zug" an dir vorbeifahren lasse. Dieser Magnet oder Zug beinhaltet möglichst viele
Dinge, die dich locken, die dich reizen, von denen
du sagst: Wow, da muss ich aber näher dran, da
muss ich hin, oder ich muss rein in diesen Zug.
Die Initiative kommt dann in diesem Falle eben
von dir und nicht mehr von mir. Von mir kommen
lediglich die Impulse.

REKRU-TIER: Gut. Hast du ein Praxisbeispiel für
uns? Konzentrierst du dich auf das Produkt oder
die Geschäftsidee, oder machst du das für jeden
individuell? Schaust du zuerst, wo die jeweiligen
Probleme liegen, oder wie dürfen wir uns das
vorstellen?

Wolfgang: Ich gehe zuerst vom Geschäft aus, das
Produkt kommt immer im „second step". Ich gehe

**Ich führe ein Gespräch mit den Leuten und versuche
herauszufinden, wo sie „der Schuh drückt".
Dafür biete ich dann Lösungen an.
Aber ich mache das Angebot nicht direkt**

---

auf Leute zu, führe ein Gespräch mit ihnen und
versuche herauszufinden, wo sie „der Schuh
drückt". Dafür biete ich dann Lösungen an. Dieses Angebot mache ich nun aber nicht direkt und

sage: Pass mal auf, ich habe hier dies und jenes für dich. Sondern ich lasse den „Lösungszug" an ihnen vorbeifahren. Je besser ich sie treffe, je besser ich das Licht gestalte, das aus dem Zug heraus direkt in ihre Augen scheint, desto besser – desto eher wollen sie einsteigen!

REKRU-TIER: Wie lange hast du gebraucht, bis du das gut gekonnt hast?

Wolfgang: Das ergibt sich mit der Zeit. Ich bin da relativ schnell darauf gestoßen, dass das der Weg sein muss, weil ich selbst so bin. Ich mag es nicht, wenn jemand zu mir kommt und mir irgendetwas anpreist. Mir ist es viel lieber, wenn ich selbst entscheiden kann. Ich gucke mir gerne etwas an, ich mache mich gerne schlau, und dann entscheide ich mich. Da kann mir auch jederzeit einer dabei helfen, mich zu entscheiden. Aber nicht so, dass ich denke, der will mich jetzt unterbuttern oder mir was reindrücken. Denn dann fühle ich mich bedrängt, dann gehe ich lieber weg. Und weil ich so bin, habe ich auch von Anfang an so gearbeitet. Allerdings nicht so intelligent wie heute, weil ich zuerst noch keinen so feinen Riecher hatte für Menschen. Aber den entwickelt man mit der Zeit.

REKRU-TIER: Wir glauben, jeder weiß die Antwort schon, aber wir möchten das einfach aus deinem

Mund hören: Durch was entwickelt man den Riecher?

Wolfgang: Durch Tun.

REKRU-TIER: Und durch wie viel Tun?

Wolfgang: Ich habe am Anfang wirklich das gemacht, was mir die Leute in den USA beigebracht haben. Ich bin ein unglaublich konditionsstarker Mensch und ich kann mich an alles Mögliche gewöhnen, wenn ich einmal damit angefangen habe. Deswegen hat mir gefallen, dass die Leute, die ich da in New Orleans getroffen hatte, Erfahrene und Erfolgreiche waren. Die habe ich gefragt, was ich tun muss, um erfolgreich zu werden, obwohl ich eigentlich keine Zeit hab, da ich vier Apotheken leite. Die Jungs sagten dann zu mir: Wolfgang, das ist ganz einfach. Du gewöhnst dir an, jeden Tag das Gleiche zu tun. Und zwar in einer Intensität und Schlagzahl, die dich nicht außer Atem bringt. Die Frage, die sie mir damals stellten, war: Wolfgang, kannst du am Tag zwei Leute anrufen? Jeden Tag zwei?

REKRU-TIER: Zwei Menschen am Tag?

Wolfgang: Ja. Und da habe ich gesagt: Okay, ich kann zwei Leute anrufen. Die sollte ich dann einladen auf einen Sammeltermin, um mit ihnen zu sprechen. Das brauchte allerdings nicht ich persönlich zu machen, weil wir damals in Düsseldorf

jeden Dienstag schon eine Geschäftsveranstaltung hatten, und dahin konnte ich sie einladen.

Im ersten Jahr habe ich zwei Menschen am Tag angerufen. Mehr nicht. Das aber wirklich jeden Tag

---

Mehr habe ich tatsächlich im ersten Jahr nicht gemacht. Das dafür aber jeden Tag, wirklich jeden Tag. Und das ist es, was die meisten nicht machen, die ich so kenne. Die meisten machen das mal 14 Tage lang, und dann hören sie wieder auf. Zu laufen fangen auch viele an und machen das dann vielleicht vier Wochen, dann sind sie müde und geben auf. Hier im Geschäft ist es das Gleiche. Viele fangen mit dem Geschäft an, aber man vermisst die Kontinuität und die wirkliche Disziplin, die zwei Gespräche wirklich jeden Tag zu machen. Jeden Tag zwei, das sind schon mal zehn in der Woche. Für mich hat das eben gereicht, um Nationaler Marketingdirektor zu werden. Das habe ich so durchgezogen.

REKRU-TIER: Top, absolut top.

Wolfgang: Die meisten Menschen, die ich angerufen habe, waren froh, dass ich mit ihnen telefonierte. Ich sagte: Hör mal, ich habe da etwas gefunden, was wir beide zusammen machen können, wo wir in Zukunft wieder ein bisschen enger zusammen sein und viel Geld verdienen werden. Hast du Lust zu kommen? Da kamen die meisten.

REKRU-TIER: Einfach wegen des Genusses: Magst du diesen Satz noch mal wiederholen?

Wolfgang: (lacht)

REKRU-TIER: Das war dein Telefonleitfaden, ja?

Wolfgang: Das war mein Telefonleitfaden, ganz genau.

REKRU-TIER: Die Leute fragen uns ja ständig: Habt ihr eine tolle „Elevator Pitch", könnt ihr uns eine tolle Ansprache entwickeln? Wir sagen dann immer: Rede mit den Leuten, der Rest ergibt sich. Deswegen ist dieser Spruch von dir genial. Kannst du den noch mal sagen?

Ich habe gesagt: Wir sind zwar gute Freunde, sehen uns aber viel zu wenig. Jetzt habe ich ein Modul gefunden, wo wir beide Zeit zusammen verbringen, wo wir Spaß haben und viel Geld verdienen werden

---

Wolfgang: Ja. Das ist ganz einfach, ich habe gesagt: Du, Karl, ich rufe dich heute an, weil ich da etwas gefunden habe. Mir ist aufgefallen, dass wir zwar gute Freunde sind, uns aber viel zu wenig sehen. Jetzt habe ich ein Modul gefunden, wo wir beide etwas zusammen machen können, das ist etwas, wo wir eben Zeit zusammen verbringen,

wo wir Spaß haben und viel Geld verdienen werden. Hast du Lust zu kommen?

REKRU-TIER: Absolut simpler Spruch. Und der hat dich über viele Jahre begleitet, richtig?

Wolfgang: Ja, der hat mich immer begleitet. Damit berührst du eigentlich andere Menschen, wenn du zwei Eigenschaften hast: einmal wenn sie dich mögen und wenn sie dir außerdem noch zutrauen, dass du das mit dem Geldverdienen beurteilen kannst. Auch das ist wichtig, glaube ich.

REKRU-TIER: Fein, das klingt gut.

Meine Leute wussten genau: Wenn ich sage, da kann man viel Geld verdienen, dann passt das

---

Wolfgang: Meine Leute wussten genau: Wenn ich sage, da kann man viel Geld verdienen, dann passt das. Meinen Riecher für den Erfolg hatte ich ja inzwischen schon dokumentiert mit den Apotheken. Denen war klar: Der sagt das nicht, weil er doof ist, sondern der weiß genau, wovon er redet. Und deswegen waren sie eher dankbar, dass ich sie angerufen habe.

REKRU-TIER: Top. Ich glaube, das wird die Leser auch wieder begeistern, mit welcher Einfachheit es geht. Vor allem kann man in der Theorie oft gar nicht glauben, dass es so einfach ist. Man glaubt es erst, dass Menschen mit einfachen Tools an die Spitze kommen, wenn man das mal aus dem Mund von jemandem wie dir hört. Danke dafür.

Wolfgang: Ja, so ist es.

REKRU-TIER: Wir wollten noch mal auf etwas eingehen, was du vorhin erwähnt hast. Du hast sinngemäß gesagt, wenn man versucht, dir etwas zu verkaufen, blockst du ab. Das heißt, du bist ein Mensch, der selber auf andere zugeht oder sich selber seine Sachen raussucht. Das ist ja nun in unserer Branche eigentlich die größte Herausforderung, dass viele Networker die Leute laufen lassen, anstatt dass sie auf sie zugehen. Macht es bei deiner Vorgehensweise einen Unterschied, ob man mit Angestellten, Studenten oder Unternehmern spricht?

Wolfgang: Das ist völlig egal. Es liegt immer an der menschlichen Verbindung, ob man zueinander passt. Da spielt der berufliche Status überhaupt keine Rolle. Ich möchte hier noch mal das Beispiel vom „Magnetmarketing" bringen. Wenn ich ein Magnet bin, der Eisenspäne anzieht, und ich geh mit dem Magneten an Aluminium vorbei, dann wird sich nichts regen. Ist das gut erklärt?

REKRU-TIER: Sehr gut.

Wolfgang: Oder wenn ich an Plastik vorbeigehe, wird sich auch nichts regen. Aber wenn ich an

Eisenspänen vorbeigehe, dann ist alles gut. Das heißt im Prinzip nichts anderes, als dass ich erkennen muss, dass die Dinge und Menschen draußen eben unterschiedlich sind. Ich muss meinen Magneten so konfigurieren, dass er auf das eingestellt ist, was mir draußen begegnet. Wenn draußen Plastikspäne liegen, dann muss ich eben einen Magneten bauen, der Plastik anzieht.

Und noch viel wichtiger: *Ich* bin derjenige, der den Magneten jedes Mal umkonfiguriert. Ich kann nämlich nicht erwarten, dass der Angesprochene sich dreht, sondern ich selbst muss mich drehen. Ich muss mich oder das, was ich anbiete, so attraktiv machen, dass klar ist: Der andere wird jetzt nicht mehr ruhig sein können, bis er weiß, was ich mache, wie das geht und ob er da mitmachen darf.

REKRU-TIER: Genial.

Ich muss einen Interessenten dahin bringen, dass er mich löchert

---

Wolfgang: Konkret bedeutet es, dass ich einen Interessenten dahin bringen muss, dass er mich löchert. Dass er sagt: Du, da möchte ich aber mehr davon wissen. Also, ich muss auch den

Sack zu lassen können und nicht gleich alles ausschütten.

Die meisten schütten alle Infos komplett vor den Menschen aus und denken, dass die jetzt alles verstehen, weil sie ja so viele Infos bekommen haben. Aber in Wirklichkeit verstehen die meisten gar nichts. Meistens haben sie maximal ein Fünftel oder ein Viertel von dem kapiert, worum es geht. Und deswegen ziehen sie oftmals verkehrte Schlussfolgerungen. Dann sagen sie zu etwas Ja oder Nein, von dem sie nicht wirklich eine Ahnung haben.

REKRU-TIER: Hast du denn irgendeine Übung oder einen Tipp, wie man lernt, auch so ein „Magnet" zu sein? Denn die Strategie ist ja absolut top, nur ist die Frage: Wie kann ich das lernen?

Wolfgang: An sich ganz einfach. Du musst gut vorbereitet sein und immer versuchen, die Denkwei-

---

Um ein „Magnet" zu sein,
musst du die Denkweise des anderen verstehen

---

se des anderen zu verstehen. Wenn ich zum Beispiel zu einem Fremden gehe, muss ich in der Lage sein, dessen Umfeld zu erkennen, um mich „auf seinen Stuhl zu setzen". Die Welt mit seinen Augen zu sehen. Ich muss mich da hineinverset-

zen und mir seinen Lebensalltag vorstellen, wie der so aussieht, was der so jeden Tag macht, mit welchen guten und schlechten Dingen er so konfrontiert wird. Je mehr ich das schaffe, desto besser kann ich meinen „Magneten" konfigurieren.

REKRU-TIER: Okay, Wolfgang. Kann man auch sagen, dass du eine große Stärke hast? Jeder hat ja seine Stärken. So zum Beispiel wäre die Stärke vom unserem REKRU-TIER Tobias Schlosser, dass er dir beibringen kann, immer und überall mit Spaß und Niveau neue Kontakte zu knüpfen.

Wolfgang: Ja.

REKRU-TIER: Hast du auch so was? Was ist das Besondere, wenn man mit dir zusammenarbeitet? Worauf kann man sich bei dir verlassen, wofür steht Wolfgang?

Wolfgang: Meine größte Stärke ist, das Herz von anderen Menschen zu berühren.

REKRU-TIER: Wie genau?

Wolfgang: Um das mal einfach zu sagen: Ich glaube, das hat sich schon in der Apothekenzeit gezeigt, dass ich ganz schnell mit anderen Menschen eine gute, wirklich herzliche Verbindung aufbauen kann. Meine Apotheken haben deswegen so gut funktioniert, weil die Menschen nicht nur dorthin kamen, um Arzneimittel zu kaufen, sondern auch, um Spaß zu haben. Einfach nur Spaß und einen schönen Tag. Die kamen vielleicht rein, um für den Nachbarn noch Medikamente abzuholen, oder haben für sich selbst bloß Salmiakpastillen gekauft. Manche kamen auch einfach nur so und sagten: Herr Schmidt, ich will heute nichts kaufen, ich will nur mal Guten Tag sagen.

REKRU-TIER: Echt? Klasse.

Wolfgang: Und genau darum geht es. Wenn du das in deinem Team vom Prinzip her genauso machst, dann hast du lauter Leute, die gerne da sind. Die

---

Meine Teammitglieder transportieren den Spaß, den wir zusammen haben, nach draußen, und dadurch sind sie erfolgreich

---

gerne beim Teamtreffen dabei sind, weil es Spaß macht. Diesen Spaß haben meine Angestellten in der Apotheke an die Kunden transportiert, und genauso transportieren auch meine Teammitglieder diesen Spaß nach draußen, und dadurch sind sie erfolgreich. Weil sie einfach den Spaß, den wir zusammen haben, aussenden und deswegen, glaube ich, ziemlich anziehend wirken. Es sind die Menschen, die andere Menschen anziehen. Nicht das Produkt und auch nicht das Geschäft.

REKRU-TIER: Macht Sinn. Wolfgang, du hast ja auch ein interessantes Konzept mit deinem

Schulungscenter. Zumindest habe ich das noch nicht bei vielen gesehen. So was ist ja eher atypisch für Networker. Die meisten Kollegen arbeiten von zu Hause aus und machen eher Meetings in Hotels. Magst du mal dein Konzept schildern?

Wolfgang: Wir waren ja früher auch in Hotels, sogar in sehr guten Hotels. Das war grundsätzlich alles wunderbar, und da waren auch gute Meetings. Aber ich habe festgestellt, dass die Menschen, die ich eingeladen habe, sich dauernd gefragt haben, warum wir uns im Hotel treffen. Sie waren irgendwie immer so komisch drauf, weil sie Vermutungen angestellt haben, ob das Ganze eventuell nur so eine temporäre Geschichte wäre und ob es uns vielleicht nächste Woche gar nicht mehr gibt. Aus ihrer Sicht schien das Geschäft nicht lohnenswert, weil man ja eigentlich eine feste Adresse mit festen Büroräumen braucht, um erfolgreich zu sein. Wir haben mit der Auswahl unserer damaligen Locations also eher das Signal gesendet, flatterhaft und nicht beständig zu sein.

REKRU-TIER: Verstehe.

Wolfgang: Daraufhin habe ich dann irgendwann gesagt: Okay, ich packe das jetzt mal an. Obwohl das richtig teuer war. Ich habe dieses Center gegründet, und das hatte einen genialen doppelten

Effekt. Es hatte erstens eine feste Adresse für Leute, die immer wieder kommen und die sagen: Ja, da sieht man was und da ist auch was „zum

---

Das Schulungscenter ist ein tolles Zuhause für unser Team

Anfassen" da, und das gibt es auch schon über zehn Jahre. Und zweitens war und ist es ein tolles Zuhause für unser Team.

REKRU-TIER: Wir müssen es den Lesern kurz erklären. Wolfgang, wie beschreibt man das? Du hast also ein Schulungscenter gegründet.

Wolfgang: Genau.

REKRU-TIER: Wie muss man sich das vorstellen? Vielleicht magst du es selbst ein bisschen beschreiben. So was kennt ja nicht jeder.

Wolfgang: Ja, genau. Es liegt sehr zentral im Ruhrgebiet, in Ratingen, das kann man ja ruhig sagen. Der Grund dafür ist, dass sich da viele Autobahnen kreuzen. Also egal ob ich jetzt von Dortmund komme oder von Köln oder vom Norden runter, es ist völlig gleich. Ich kann da gut hinkommen, habe einen großen Parkplatz vor der Tür, habe 180 Quadratmeter Fläche, wo ich richtig Platz habe, mehrere Veranstaltungen zu machen, wenn es sein muss, auch gleichzeitig. Im „Bistro"

bieten wir Getränke und Produkte der Firma an. Wir haben natürlich in diesem Center feste Veranstaltungstermine, die wir auch über das Internet verbreiten. Da werden jetzt in regelmäßigen Abständen Events durchgeführt, und jede Woche findet etwas zu einer festen Zeit statt, sodass meine Partner wissen, dass sie sozusagen „blind" auf diese Events einladen können. Sie können dort auf diesen Veranstaltungen den „Fachmann" nutzen, einen erfahrenen Networker aus unseren Reihen. Das war einmal ich alleine, aber inzwischen habe ich natürlich längst andere Leute ausgebildet, die da sprechen und meinen ursprünglichen Job übernommen haben.

Hin und wieder mache ich diese Veranstaltungen noch selbst, aber relativ selten, weil andere Sprecher mittlerweile viel besser sind als ich. Jeder von denen hat ein bestimmtes Wissen oder eine Kompetenz, die ich nicht bedienen kann, und das ist das Interessante. Die Vertriebspartner können also die Kompetenz anderer nutzen, auf Gebieten, auf denen sie selbst keine haben. Sie sagen dann zu einem Interessenten: Du, da gibt es eine Veranstaltung, die schauen wir uns an, denn ich kann dir das gar nicht so genau erklären. Wir gehen da zusammen hin und bilden uns eine Meinung, ob das für uns beide interessant ist.

Diese Veranstaltungen sind ein ganz tolles Tool. Dadurch habe ich immer eine neutrale „dritte Person", die alles richtig oder falsch macht, und es bleibt nicht die ganze Verantwortung an meinen Vertriebspartnern hängen.

Inzwischen arbeite ich viel mit Ärzten und Apothekern zusammen. Für Interessenten, die selbst Fachleute aus dem Gesundheitswesen sind, ist das natürlich toll, wenn sie da echte Kollegen vorne stehen haben, die zu ihnen sprechen. Da fühlen sie sich viel mehr aufgehoben und natürlich kompetenter informiert. Wenn man Menschen aus diesen Kreisen ins Hotel einladen würde, dann würden die meisten schon gar nicht kommen, weil es sich eben so komisch anhört. Wenn ich allerdings in ein „Gesundheitszentrum" einlade, und damit werben auch meine Vertriebspartner, dann ist das eine ganz andere Nummer, oder nicht?

REKRU-TIER: Klingt sehr cool. Wie läuft denn das mit der wirtschaftlichen Unterhaltung des Centers, denn das ist ja eine größere Investition. Zahlst du das alles? Wie hast du denn das intelligent gelöst?

Wolfgang: Ich kann das ja ruhig sagen, dieses Center kostet circa 4000 Euro im Monat. Das Ganze ist teuer, aber wir haben das inzwischen – noch nicht komplett, aber weitestgehend – umgelegt

auf einzelne Mitgliedschaften. Wenn du da Mitglied bist, beinhaltet das, dass du auf alle Veranstaltungen kommen kannst, die normalerweise 8 Euro kosten. Du kannst aber als Mitglied nicht nur selbst teilnehmen, sondern auch deine Interessenten mitbringen, völlig egal wen und wie viele.

Die Mitgliedschaft, in der alles inkludiert ist, kostet 25 Euro im Monat. Das kannst du dir gut leisten, wenn du ein Geschäft aufbauen willst. Wenn du jedes Mal mehrere Leute mitbringst, ist das sehr lukrativ für dich. Du bringst die Leute da hin, sie werden bestmöglich informiert, dein Geschäft wächst – und es entstehen wiederum neue Mitglieder. Und wenn ich dann als Centerleiter viele Mitglieder habe, dann komme ich irgendwann auf eine Kostendeckung.

REKRU-TIER: Ah, okay, der Ansatz wäre für mich also quasi der: Ich miete selber etwas, um den Leuten damit eine Anlaufstelle zu bieten, und beteilige sie mit einem geringen Betrag, um die Kosten entsprechend umzulegen.

Wolgang: Genau.

REKRU-TIER: Ist ja toll gelöst. Um ehrlich zu sein, haben wir das an dir schon immer extrem bewundert. Wir haben immer gesagt, der Wolfgang Schmidt, der führt intelligent, und der führt seine

Leute durch Abwesenheit. Wir haben immer so geschmunzelt, denn immer wenn wir bei euch ein Seminar gegeben haben, war der Wolfgang der, der als Letzter kam und der oft auch als Erster gegangen ist. Und wenn man dann mal einen deiner Teampartner gefragt hat, ob er oder sie auch zum Team vom Wolfgang Schmidt gehört, haben viele gesagt: Äh, weiß ich gar nicht.

Wolfgang: (lacht)

REKRU-TIER: Also, wir haben uns immer gefragt: Wie macht der das? Der ist nicht da, und der Laden läuft trotzdem. Normalerweise kennt man das von Networkern, dass sich viele als Organisator profilieren oder gern als Alphaweibchen oder -männchen vornweg laufen. Bei dir ist das so, dass du eher undercover läufst, und das finden wir so genial. Dich kennt kaum einer, aber irgendwie gehören sie alle zu dir. Ist das eine Strategie, oder bist du einfach vom Typus her so ...?

Wolfgang: Na ja, schon Strategie. Ich habe immer den festen Vorsatz in mir, in meinem Team völlig überflüssig zu sein. So habe ich immer alles aufgezogen, weil ich unabhängig sein wollte, das war immer mein Traum. Wenn du beispielsweise sagst: Wolfgang, hör mal, ich habe Lust, mit dir mal sechs Wochen nach Hawaii zu fahren, ich zahle dir die Reise, aber du musst morgen sofort mitkom-

men – dann kann ich da einfach mitfahren. Ich kann sagen, morgen fahre ich mit, und ich muss mich nicht abmelden, weil alles gut ist. So muss man das Geschäft aufbauen, und wenn man es anders aufbaut, dann ist man ja trotzdem wieder in irgendeinem Hamsterrad, in dem man rennt, nur in einem anderen als sonst in der Wirtschaft.

REKRU-TIER: Das stimmt. Beeindruckend. Wie kriegst du denn die Leute dazu, dass sie so selbstständig sind, auch wenn du nicht da bist? Dass die so diesen eigenen Motor entwickeln? Und eine andere Frage noch: Hattest du diesen eigenen Motor auch? Du warst ja Unternehmer? Musste man groß an dich hinreden, oder hast du gesagt, okay, zwei Kontakte am Tag, und hast das einfach durchgezogen?

Wolfgang: Ab dem Tag, an dem ich mich entschieden hatte, habe ich es gemacht. Ja, ich bin eben knochenhart, vor allem zu mir selbst. Also wenn ich etwas mal verstanden habe, dann ziehe ich das auch durch. Damals habe ich das vorerst ein Jahr gemacht zur Probe. Ich habe gesagt, ich mache das jetzt mal ein Jahr konsequent und sehe, was dabei rauskommt. Und dann war das eben schon so, dass ich relativ gut verdiente, dass ich einen Apotheker bezahlen und den im Grunde schon einstellen konnte, obwohl ich ihn noch nicht wirklich brauchte. So konnte ich mich langsam befreien. Ich bin, glaube ich, auch ein Meister des Delegierens. Das habe ich schon in der Apotheke gelernt. Delegieren heißt ja nicht

---

Ich bin ein Meister des Delegierens

---

abgeben. Delegieren heißt sinnvoll übertragen, und dieses sinnvolle Übertragen bedeutet, einen anderen Menschen zu befähigen, etwas zu tun, und ihm dann auch offiziell zu bestätigen, dass er jetzt dafür verantwortlich ist. Da fühlen sich die Menschen oft sehr geehrt. Auch mit Recht, denn das ist in der Regel wirklich eine sehr verantwortungsvolle Tätigkeit, die ich ihnen dann gebe. Dadurch, dass sie das eben offiziell übernommen haben, werden sie alles tun, was in ihrer Macht steht, um diese Stellung auch bestmöglich auszufüllen. Am Anfang gibt es natürlich immer noch ein paar Unsicherheiten, ein paar Fragezeichen, aber die verschwinden mit der Zeit. Und dann irgendwann hat der Mitarbeiter das im Grunde „gefressen", dann macht er das selbstständig, und dann ist es auch gut.

REKRU-TIER: Wirklich klasse. Wie setzt sich denn dein Team zusammen? Du hast das vorhin ja schon grob angeschnitten.

Wolfgang: Wie gesagt, an Menschen orientiert. Das kann man ja dann irgendwann nicht mehr so genau steuern. Meine engeren Partner, meine Frontliner oder die in der nächsten Ebene darunter, die sind vom Typus ähnlich wie ich. Ich glaube inzwischen, dass im Network das eigene Wesen auch die Partner stark beeinflusst. Das sehe ich auch immer wieder, wenn ich in andere Teams hineinschaue. Da sehe ich, dass mein Team mir relativ ähnlich ist – und andere Teams sind eben ihrer Upline ähnlich. Das ist keine Wertung, das ist nicht gut oder schlecht, sondern die Führungskraft ist einfach die prägende Figur.

REKRU-TIER: Wir haben jetzt eigentlich alle Fragen gestellt, die wir loswerden wollten. Das Einzige, was uns noch interessiert: Wie sieht denn dein Arbeitsalltag aus? Arbeitest du jetzt aktiv selber noch sehr viel, oder genießt du ausschließlich dein Leben? Oder wie darf man sich das jetzt bei dir vorstellen?

Wolfgang: Na ja, jetzt bin ich 64 Jahre alt. Damals war das mein Traum, nur noch zu genießen. Ich wollte aber nie in einen Zustand geraten wie meine ehemaligen Apothekerkollegen, dass ich dann eben mit der Apotheke fertig bin, den Laden zuschließe, zu Hause sitze und meiner Frau auf den Geist gehe. Dazu bin ich nicht der Typ, und deswegen fand ich das so interessant, dass man dieses Networkgeschäft, das ich jetzt mache, je nach Bedarf mehr oder weniger groß gestalten kann.

Ich sitze jeden Morgen um halb zehn beim Frühstück und überlege mir, ob ich an dem Tag was tue oder ob ich lieber Rad fahre

---

Und ganz ehrlich: Ich sitze jetzt eigentlich jeden Morgen so um halb zehn beim Frühstück und überlege mir dann, ob ich an dem Tag was tue oder ob ich lieber Rad fahre. Ich bin letztes Jahr zum Beispiel mit dem Fahrrad nach Verona gefahren. Oder ob ich ins Fitnessstudio gehe oder ob ich mal jemanden anrufe oder nicht, das entscheide ich an dem jeweiligen Morgen. Und danach gestaltet sich mein Tag. Manchmal hängt das vielleicht auch ein bisschen vom Wetter ab. Ab und zu werde ich auch mal eingeladen, beispielsweise zu größeren Veranstaltungen als Speaker. Morgen beispielsweise fliege ich nach Zürich, weil ich da zwei Vorträge halten werde. Am Wochenende bin ich in Münster bei einem Meeting, das aber nicht ich organisiere, sondern bei dem ich nur als Sprecher für jemanden aus meinem Team teilnehme. Das ist aber jetzt wieder

mal seit langem das Einzige, was ich so an festen Terminen habe.

REKRU-TIER: Gut. Aber das muss man auch fairerweise sagen, damit kein falsches Bild für Neulinge entsteht: Das war nicht immer so, oder? Du hast am Anfang schon massiv gearbeitet?

Wolfgang: Ja, natürlich.

REKRU-TIER: Irgendwann war dann das „Flugzeug" in der Höhe, und du konntest es dir leisten, einen Gang zurückzuschalten?

Wolfgang: Das ist eben genau das, was ich gemacht habe. Ich sage mal so: Das Geld, das ich hier verdiene, kann ich sowieso schon nicht mehr ausgeben, und deswegen sage ich mir, dass ich eine große Expansion meines Teams nicht mehr bewerkstelligen muss. Ich kann jetzt mal ein bisschen zur Ruhe kommen und einfach für meine Teampartner da sein. Da kann ich dann unterstützend wirken, das ist gut.

Aber ihr habt recht, es war gerade am Anfang, neben der Tätigkeit in der Apotheke, wirklich ganz heftig, und da muss man auch mal drüber reden. Über das muss man sich im Klaren sein, wenn man so was nebenberuflich anfängt. Da gab es in den ersten beiden Jahren vom Start weg kaum eine Nacht, in der ich mal vor zwei Uhr im Bett war, weil ich während der Woche am Abend immer erst um 19 Uhr, nach der Apotheke, losfahren konnte, um mein Networkgeschäft aufzubauen.

REKRU-TIER: Tatsächlich?

Wolfgang: Ja, da waren dann die Veranstaltungen, und danach gab es noch Dinge zu besprechen, Geschäftspartner hatten Fragen, und erst dann kam ich nach Hause. Das dauert einfach lange,

---

In den ersten beiden Jahren vom Start weg gab es kaum eine Nacht, in der ich vor zwei Uhr im Bett war

---

und dazu muss man auch bereit sein. Man muss absolut bereit sein.

Außerdem gibt es da noch etwas Wichtiges, das alle erkennen sollten. Es ist absolut spannend, im Nachhinein finde ich es noch spannender – nur damals nicht!☺

Ich war auf dem Sprung auf die zweithöchste Position unserer Karriereleiter, und das war ein riesengroßer Schritt. Aber die Sommerferien standen vor der Tür, und ich wollte damals mit meiner Familie mit dem Wohnmobil in den Urlaub fahren, nach Südfrankreich oder Portugal. Ich hatte schon alles fest geplant, alles war im Grunde fertig – und dann wurde mir etwas klar. Ich hatte einen Freund, der mich auch in anderen Dingen beraten hat, und der sagte: „Pass mal auf,

Wolfgang, wenn du jetzt fährst, dann kannst du die Position für dieses Jahr erst mal abschreiben. Die machst du dann vielleicht nächstes Jahr, aber dieses Jahr nicht." Ich hatte aber schon einer Gruppe von Leuten versprochen, dass ich den Sprung in diesem Jahr noch machen würde, und deswegen habe ich dann kurzerhand das Ziel der Reise verändert. Ich bin nach Holland an die See gefahren, und jede Woche dienstags und donnerstags bin ich nach Deutschland zurück, um an unseren Veranstaltungen hier teilzunehmen – nicht mit dem Wohnmobil, sondern mit unserem „normalen" Auto, das wir extra deswegen mitgenommen haben.

Eine andere Sache weiß ich auch noch, als wäre sie gestern gewesen. Ich als leidenschaftlicher Surfer habe damals spätestens um 13 oder 13:30 Uhr am Strand meine Sachen gepackt, wenn die Kollegen von mir alle noch auf dem Wasser waren und eigentlich nicht verstanden, warum ich jetzt beim schönsten Wind und der schönsten Sonne einpacke, mich in das dunkle Auto setze und zurück ins Ruhrgebiet fahre. Aber ich wusste genau, warum ich das mache, ich würde danach diese Position haben. Ich bin mir sicher, dass ich mein Ziel nicht erreicht hätte, wenn ich anders gehandelt hätte. Ich glaube fest, dass man so einen Biss haben muss. Mal auf Dinge verzichten gehört dazu – auch wenn es sehr schwerfällt, sich mal durchzubeißen und nicht einfach aufzugeben, wie es viele es tun, wenn es hart wird. Leider kenne ich auch eine ganze Reihe Leute, die auf der Strecke geblieben sind, weil sie einfach diesen Biss nicht hatten.

REKRU-TIER: Toll, beeindruckend. Es ist für uns einfach der größte Spaß zu hören, wie Menschen etwas geschafft und ihre Ziele erreicht haben. Vor allem aber auch zu erkennen, dass jeder einen anderen Weg geht, aber dass tatsächlich jeder Weg funktioniert, wenn man daran glaubt und für sich sein Ziel definiert hat. So unterschiedlich diese Wege auch sein mögen. Das ist wirklich top.

Wolfgang, hast du denn zum Abschluss noch ein Zitat oder eine Lebensweisheit für uns? Irgendwas, was dir geholfen hat, was dein Leben verändert hat oder etwas, von dem du sagst, das würdest du noch gerne loswerden und hergeben?

„Über den steinigen Weg zu den Sternen"

Wolfgang: Ja, habe ich: meinen Lebensleitspruch, den man, glaube ich, allerdings erst später im Leben versteht. Ich habe ja in der Schule Latein gelernt, und da gibt es bei den Lateinern einen

Spruch, den sie damals schon geprägt haben. Der heißt: „Per aspera ad astra". Bedeutet übersetzt: „Über den steinigen Weg zu den Sternen". Ich glaube, und das hat sich in meinem Leben immer wieder gezeigt, man kommt zu den Sternen nur über die „aspera" – wörtlich übersetzt „das Raue", ich hab jetzt mal gesagt „steiniger Weg". Das Ganze hat aber auch den Vorteil, dass man, wenn man das mal kapiert hat, in jedem steinigen Weg auch irgendwie immer etwas Gutes sehen kann. Inzwischen weiß ich genau: Wenn es eng wird, wenn es schäbig wird und wenn es böse wird, dann bin ich den Sternen ein Stück näher. Und das ist ein schönes Gefühl.

REKRU-TIER: Schöner Abschluss. Perfekt. Wolfgang, wir danken dir vielmals für dein Interview. Wir hoffen, dass es unsere Zuhörer motivieren wird, an ihren eigenen Weg zu glauben und auch ihre eigenen Schritte zu gehen. Also danke, dass du dem REKRU-TIER deine Network-Weisheit und dein Leben offenbart hast. Schön, dass das geklappt hat.

Wolfgang: Schön, dass wir miteinander sprechen konnten. Danke.

Wir zeigen Ihnen, wie Sie durch Direktkontakt immer und überall mit Spaß und Niveau neue Vertriebspartner für Ihr MLM/ Strukturvertriebsgeschäft gewinnen!

Direktkontakt ist die Fähigkeit, Menschen im öffentlichen Leben anzusprechen und innerhalb kürzester Zeit eine so vertrauensvolle Basis aufzubauen, dass der Angesprochene Ihnen seine Kontaktdaten aushändigt und sich für eine aktive Zusammenarbeit mit Ihrem Network interessiert.

Registrieren Sie sich kostenlos bei **www.rekrutier.de** und erhalten Sie:

■ **GRATIS:** ein 90-minütiges Video zum Thema „Wie Sie Ihre Kontaktangst für immer verlieren und zum Kontaktprofi werden"

■ **GRATIS:** 99 Sponsortipps! Alle 3 Tage einen Tipp, wie Sie an neue Geschäftspartner kommen

■ **GRATIS:** Film: „Die Chance – Das Leben mit Network-Marketing"

■ jede Woche viele neue Tipps und Videos in Ihrem internen Bereich

www.rekrutier.de
Rekru-Tier

„Sie treffen mit Ihren Buch- und Seminarinhalten den berühmten ‚Nagel auf den Kopf'."

„Ich bin nun seit 30 Jahren aktiv im Vertrieb, Marketing und im Sales-Management vieler internationaler Großkonzerne und habe schon viele Seminare erlebt. Was aber Sie geliefert haben, hat in puncto Praxisbezug, Authentizität und Realität meine Erwartungen bei Weitem übertroffen."

„Man hat Ihnen in jeder Sekunde Ihr Engagement und Ihren Spaß angemerkt, was den Tag noch lebhafter und interessanter machte."

„Ein klasse Seminar. So viele tolle Beispiele und ‚gelebte' Erfahrungen."

„Was ihr beide da auf die Füße gestellt habt, ist der beste Beweis dafür, dass es nichts Größeres gibt als eine Idee, deren Zeit gekommen ist."

(Kundenstimmen zu **REKRU-TIER**)

www.rekrutier.de

Die geschäftliche Arbeit immer weiter **professionalisieren,
das eigene Network kontinuierlich wachsen lassen,
Monat für Monat:**

Das schaffen Sie spielend leicht **mit unserem Programm
„Rekru-Tier Inside".**

Das bekommen Sie:

- jeden Monat den topaktuellen, ca. 20-seitigen „REKRU-TIER Inside"-Report mit brandheißen Techniken, Tools und den ultimativen Profitipps für Sie. Leicht umsetzbar, verständlich und hocheffektiv!

- jeden Monat ein exklusives Webinar zu einem Spezialthema, persönlich durchgeführt von einem anerkannten Top-Experten

- besonderen Support, Unterstützung und Zusatztools für Sie

Weitere spezielle Angebote und Aktionen nur für Mitglieder:

- eine Fülle von weiteren wertvollen, sofort umsetzbaren Tipps und Techniken, die Ihr Network-Marketing extrem wachsen lassen

- zahlreiche „Make Money"-Strategien zur Maximierung Ihres persönlichen Einkommens

- unveröffentlichte Exklusivinterviews mit den Größen der Branche

- ... und vieles, vieles mehr!

Abonnieren Sie unser Programm – **ohne Verpflichtung,
mit jederzeitigem Kündigungsrecht:**

www.rekrutier-inside.de

Mal schauen,
wie das die Vollprofis
machen ...

Rekru-Tier Inside

www.rekrutier-inside.de